Este libro es dedicado a mis hijos - Mikey, Kobe y Jojo.

Copyright © Grow Grit Press LLC. Todos los derechos reservados. Ninguna parte de este libro puede ser reproducida en ninguna forma sin el permiso por escrito de la editorial. Por favor, envie solicitudes de pedido al por mayor a growgritpress@gmail.com
Tapa blanda ISBN: 978-1-63731-563-7   Tapa dura ISBN: 978-1-63731-564-4
Impreso y encuadernado en los Estados Unidos. NinjaLifeHacks.tv

Ninja Life Hacks™

La Ninja Inclusiva

Por Mary Nhin

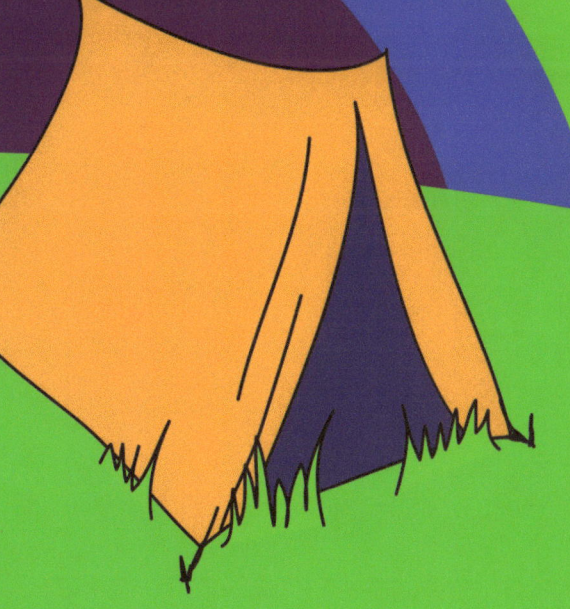
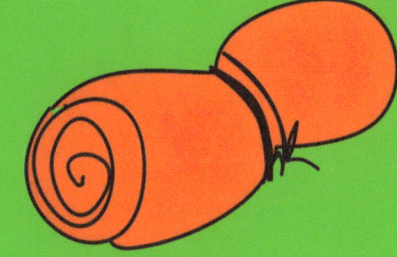

Sin importar las diferencias, trato de asegurarme de que nadie sea excluido.

¿Sabes cómo aprendí esta invaluable habilidad?

Bueno, tendríamos que empezar desde el principio...

Un día, había una gran multitud en el patio de recreo. A uno de los ninjas se le había caído un audífono y unos ninjas lo tiraban de un lado a otro.

¿Ves a esa ninja sola? ¿Cómo crees que se siente?

¿Ves a ese ninja que habla otro idioma?
¿Cómo crees que se siente?

Se siente sola porque no tiene con quien compartir. Lleva ropa diferente y nadie la ha invitado a sentarse con ellos.

Algunos ninjas tienen un acento, hablan un idioma diferente, tienen otro color de piel, o tienen creencias diferentes.

Algunos no tienen la capacidad de caminar o hablar y pueden estar limitados en sus habilidades de alguna manera.

Eso no los hace raros, solo diferentes. Y nuestras diferencias hacen el mundo más interesante.

¡Gracias, Ninja de la Diversidad!

Decidí desde ese día en adelante que iba a ser una defensora de la inclusión.

CAFETERÍA

Y así es cómo cambié.

Dondequiera que estés, encontrarás la compasión cerca.

Ser partidario de la inclusión podría ser tu arma secreta contra los prejuicios, el racismo y el acoso.

¡Visita ninjalifehacks.tv para obtener imprimibles divertidos gratis!

 @marynhin @officialninjalifehacks
#NinjaLifeHacks

 Mary Nhin   Ninja Life Hacks

 Ninja Life Hacks

 @officialninjalifehacks

www.ingramcontent.com/pod-product-compliance
Lightning Source LLC
Chambersburg PA
CBHW041524070526
44585CB00002B/77